CONSEIL DE PRUD'HOMMES

DE L'ARRONDISSEMENT DE SEDAN

LA JURIDICTION PRUD'HOMALE

A SEDAN

SEDAN

Imprimerie Henri BOURGUIGNAT

6, Place du Rivage.

1908

CONSEIL DE PRUD'HOMMES

de l'Arrondissement de Sedan

Créé par Décret du 23 Août 1808

CENTENAIRE DE SA CRÉATION

23 Août 1908

Sous l'Administration de

MM. THIBON, Sous-Préfet de Sedan,

& CHARPENTIER, Maire de Sedan.

Président :

M. BOURDET EUGÈNE, Conseiller-Patron.

Vice-Président :

M. MASSON CHARLES-LOUIS, Conseiller-Ouvrier.

Secrétaire :

M. FACQUIER EMILE, Commis-Greffier au Tribunal civil.

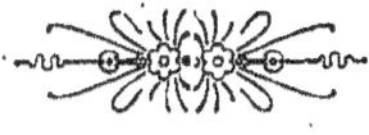

Composition du Conseil de Prud'hommes

DE L'ARRONDISSEMENT DE SEDAN

au 23 Août 1908

Président :

M. Eugène BOURDET.

Vice-Président :

M. Charles - Louis MASSON.

Conseillers de la première catégorie. — TISSUS

MM. PILARD Edouard, Fabricant de draps à Sedan.
LEFÈVRE Jules, Fabricant de draps à Sedan.
JACQUEMIN Camille, Filateur à Rubécourt.
ROUSSEAU Léopold, Filateur à Olly-Illy.
MASSON Charles-Louis, Tisseur à Sedan, *Vice-Président*.
CLAUDE Jules, Tisseur à Illy.
BEL Désiré, Tisseur à Saint-Menges.
CLÉMENT Emile, Tisseur à Floing.

Conseillers de la deuxième catégorie. — MÉTALLURGIE

MM. PIERLOT Gustave, Fondeur à Sedan.
BEAUDUIN Jules, Constructeur-Mécanicien à Sedan.
HÉLIN Louis, Mécanicien à Sedan.
NOUVIAIRE Charles, Chaudronnier à Sedan.

Conseillers de la troisième catégorie. — BATIMENT & INDUSTRIES DIVERSES

MM. BOURDET Eugène, Entrepreneur à Sedan, *Président*.
GÉRARD Constant, Entrepreneur à Sedan.
MICHEL Victor, Plâtrier à Sedan.
REMY Louis, Plâtrier à Sedan.

Secrétaire du Conseil : M. FACQUIER Emile, Commis-Greffier au Tribunal civil de Sedan.

Huissier-Audiencier : M. MARLET Gustave, à Sedan.

AVANT-PROPOS

Personne n'ignore, à l'heure actuelle, les bienfaits de l'Institution des Conseils de Prud'hommes, dont le rôle est surtout de concilier les parties en les amenant, par le raisonnement et une discussion entendue des faits formant le fond du procès, sur un terrain d'entente, où, sans heurter les droits de chacun, on arrive le plus souvent, pour ne pas dire toujours, à les mettre d'accord.

C'est ainsi qu'il n'est pas rare de voir deux plaideurs qui, étant arrivés devant le Conseil de Prud'hommes, animés l'un contre l'autre par suite de circonstances ou de difficultés de travail qui sont souvent le résultat de malentendus, et paraissant tout d'abord vouloir rejeter toute idée de conciliation, sont sortis de la salle des audiences tout à fait d'accord et faisant un nouveau pacte de travail, durable et à l'abri de toute discussion.

A Sedan, les jugements qui suivent les appels en conciliation sont d'ailleurs pour ainsi dire exceptionnels ; ils représentent seulement 3 à 4 % environ du nombre des affaires inscrites au rôle. Cette situation est due, sans contredit, à l'esprit de conciliation qui préside aux décisions du Conseil de Prud'hommes, lesquelles, il faut le constater, sont facilitées par les justiciables patrons et ouvriers, qui appartiennent à la classe si laborieuse de l'arrondissement de Sedan.

La place manque ici pour faire la biographie de chacun des Présidents, Vice-Présidents et Membres qui ont fait partie du Conseil de Prud'hommes de Sedan depuis sa création. Tel n'est d'ailleurs pas le but de ce petit travail, destiné simplement à indiquer les modifications subies par le Conseil de Prud'hommes de Sedan depuis sa création jusqu'à la loi la plus récente, celle du 27 mars 1907, et à donner, aussi exactement que possible, les noms des Sedanais qui ont fait partie dudit Conseil. Mais, les éléments de recherches ayant en partie fait défaut, des omissions bien involontaires y figureront forcément.

Toutefois, sans rendre un hommage particulier à tous ceux qui ont appartenu au Conseil, lesquels sont disparus depuis longtemps, ou sont décédés dans ces dernières années, ainsi qu'à ceux qui, pour des raisons diverses, ont cessé d'appartenir à la corporation Prud'homale, on ne peut passer sous silence les noms de quelques-uns d'entre eux, qui marquèrent les débuts de son existence, ou qui furent tout particulièrement des bienfaiteurs de l'Institution et contribuèrent, par leur savoir et leurs travaux, à la faire respecter et la rendre indispensable à l'Industrie et au Commerce.

Il convient de citer parmi les disparus :

M. LE ROY, fabricant de draps, qui fut le 1er Président du Conseil, en 1808.

M. GIENAUTH, qui en fut le 1er Vice-Président, en 1808, et devint Président, en 1810, en remplacement de M. Le Roy, qui passe alors Vice-Président.

M. CUNIN GRIDAINE Laurent, fabricant de draps, qui est nommé Vice-Président en 1812, et Président du Conseil entre 1813 et 1817 ; M. Cunin-Gridaine fut ensuite Membre de la Chambre consultative des Arts et Manufactures, Membre du Conseil supérieur du Commerce, Député des Ardennes et Ministre du Commerce. — Grand officier de la Légion d'honneur.

M. DELORME François, Président du Conseil en 1846, puis Juge au Tribunal de Commerce de Sedan, de 1854 à 1860.

M. BRIDIER François-Victor, Vice-Président en 1846.

M. BACOT Pierre-Frédéric, manufacturier, Chevalier de la Légion d'honneur, Membre du Conseil de Prud'hommes en 1848 ; a été longtemps Juge au Tribunal de Commerce.

M. BOURGEOIS Louis-François, fabricant de draps, licencié en droit, nommé Membre du Conseil de Prud'hommes le 3 janvier 1812, en a été le Président vers 1820. M. Bourgeois a été plus tard Juge au Tribunal de Commerce, adjoint au Maire de Sedan, puis Juge de paix à Stenay en 1830.

M. DE LA BROSSE-JOBERT Blaise-Michel-Toussaint, fabricant de draps, Conseiller Prud'homme en 1846, adjoint au Maire de Sedan, Juge au Tribunal de Commerce, Conseiller général des Ardennes et Membre de la Chambre consultative des Arts et Manufactures.

Parmi les Membres décédés en ces dernières années :

M. POULET Pierre-Joseph, tisseur, décédé le 5 février 1901, à l'âge de 92 ans. M. Poulet fut élu Conseiller-Prud'homme pour la première fois le 2 septembre 1848, puis Président de 1850 à 1855, a fait partie du Conseil sans interruption jusqu'en 1891, soit pendant une période de 44 années. M. Poulet, qui fit partie dès 1867 du Comité de la Caisse de Retraites des ouvriers de Sedan, et dès 1869 du Conseil d'administration de la Société de Secours mutuels, fut l'objet, le 8 mars 1886, en même temps que M. Isaac Villain, qui était alors Président, d'une délibération des plus flatteuses du Conseil de Prud'hommes de Sedan, à la suite de laquelle il obtint une Médaille d'Honneur en argent.

M. Isaac VILLAIN, maître-teinturier, élu Conseiller-Prud'homme patron le 19 décembre 1863, fit partie du Conseil sans interruption jusqu'en

1895, époque à laquelle il se retira des affaires commerciales. M. Isaac Villain devint Président du Conseil de Prud'hommes par décret du 24 mai 1876, et lorsque parut la loi du 7 février 1880, qui conférait aux membres des Conseils de Prud'hommes, l'élection du Président et du Vice-Président, M. Isaac Villain fut maintenu par ses collègues à la Présidence, qu'il occupa sans interruption jusqu'à la fin de son mandat, en 1895 ; il fut fait Chevalier de la Légion d'honneur au cours de sa Présidence, le 11 juillet 1891. M. Isaac Villain qui a été également Maire de Sedan et Député des Ardennes, est décédé à Sedan, le 9 novembre 1907, il y a moins d'un an, entouré de l'estime et du respect de tous ceux qui l'ont connu, et laissant à ses concitoyens le souvenir d'un homme de bien, dans toute l'acception du terme. Sa mort fut vivement ressentie par les Membres du Conseil de Prud'hommes, ses anciens collègues, qui avaient pu apprécier toutes ses qualités et l'aménité de son caractère.

M. HUGOT Jean, fabricant de draps, décédé le 29 janvier 1907. M. Hugot fit partie du Conseil de Prud'hommes de 1876 à 1883, d'abord comme contre-maître tisseur, puis comme fabricant. Nommé Vice-Président par décret du 24 mai 1876, en même temps que M. Villain était nommé Président. M. Hugot remplit cette fonction jusqu'à la fin de son mandat, 1883.

M. FRANQUIN Eugène, fabricant de draps, entra au Conseil de Prud'hommes le 23 avril 1876, et y resta en fonctions jusqu'en décembre 1894, époque à laquelle il se retira des affaires. M. Franquin est décédé peu de temps après, le 19 août 1896, et tous ceux qui l'ont connu et apprécié, savent avec quel zèle il se consacrait à ses fonctions et s'intéressait aux questions touchant à la Prud'homie.

M. TELLIER Emile, filateur, est entré au Conseil de Prud'hommes, le 5 novembre 1882. Il en fit partie jusqu'à son décès, survenu le 3 juin 1900. M. Tellier succéda à M. Isaac Villain à la Présidence du Conseil, le 20 avril 1895, et il mourut au cours de ce mandat, étant en même temps 1er adjoint au Maire de la Ville de Sedan.

M. Emile Tellier, qui était très estimé dans sa ville natale, a laissé, à l'égal de MM. Isaac Villain et Eugène Franquin, le souvenir d'un homme juste et bon pour tous, et ses obsèques, présentes encore à la mémoire des Sedanais, ont témoigné de l'estime et du respect qu'il s'était acquis et qu'il a conservés pendant toute la durée de sa Présidence et de sa vie.

M. NANQUETTE Jean-Pierre, entrepreneur de travaux publics, fit partie du Conseil de Prud'hommes du 1er juillet 1883 à 1897, époque à laquelle il se retira des affaires. M. Nanquette, qui était lui-même très dévoué à ses fonctions de Conseiller-Prud'homme, est décédé le 20 mars 1904.

M. HOLLINGER François, contremaître foulonnier à Sedan, fut

Conseiller-Prud'homme. de 1882 à 1894. Est décédé à Sedan, le 11 octobre 1903. M. Hollinger avait quitté le Conseil de Prud'hommes, quand l'âge ne lui permit plus d'exercer sa profession et de se consacrer à ses fonctions Prud'homales.

M. THIBŒUF EMILE, ouvrier maçon à Sedan, qui était entré au Conseil de Prud'hommes en 1889, en remplacement de M. Gippon, a rempli son mandat sans interruption jusqu'à son décès, survenu en 1894.

M. LECHÊNE AUGUSTE, constructeur-mécanicien à Sedan, a été élu Conseiller - Prud'homme le 26 décembre 1897, en remplacement de M. Louvet Jules, démissionnaire, et est décédé au cours de son mandat, le 2 octobre 1899, après deux années d'exercice, pendant lesquelles ses collègues avaient pu reconnaître en lui un industriel très compétent et d'un caractère très conciliant et toujours aimable. Sa fin prématurée fut donc très ressentie par tous les Membres du Conseil.

M. HUGEL LOUIS, ouvrier tisseur, a été élu Conseiller - Prud'homme pour la 1re fois, le 29 octobre 1882. Il a été successivement réélu, en dernier lieu aux élections du 16 décembre 1900. M. Hugel, qui est décédé au cours de ses fonctions le 3 janvier 1902, à Illy, était né à Bischwiller (Alsace). C'était un vieux tisseur, aimant sa profession, et pendant les vingt années qu'il a rempli les fonctions de Conseiller - Prud'homme, ses collègues, qui appréciaient beaucoup son caractère et son savoir, ne manquaient jamais d'avoir recours à ses connaissances et à sa vieille expérience dans toutes les questions délicates qui touchaient au tissage. Sa mort a laissé un grand vide au Conseil de Prud'hommes de Sedan.

M. GODET JULES, fabricant de draps à Sedan, élu pour la première fois pour trois ans, le 16 décembre 1900. M. Godet, qui avait été réélu pour six ans aux élections du 20 décembre 1903, est décédé au cours de son mandat, le 3 décembre 1904. Sa mort a été également vivement ressentie par ses collègues, qui avaient trouvé en lui un collaborateur dévoué et très compétent dans toutes les questions soumises au jugement des Prud'hommes.

M. LALLEMENT EMILE, tisseur à Illy, élu le 16 octobre 1898. M. Lallement dut, pour raisons de santé, abandonner le Conseil de Prud'hommes en 1903. Décédé à Illy, le 12 janvier 1906.

Et parmi les Conseillers-Prud'hommes qui ont cessé leurs fonctions dans ces dernières années :

M. LAMBERT AMBROISE, maître charpentier à Sedan, élu Conseiller-Prud'homme le 25 février 1883. A rempli son mandat jusque fin 1906, époque à laquelle il se retira des affaires.

M. RICHARD LÉOPOLD, ouvrier charpentier à Sedan, élu Conseiller le

25 février 1883, fit partie du Conseil jusqu'aux élections du 16 décembre 1900. M. Richard fut Vice-Président du Conseil, de 1898 jusqu'en 1900.

M. GROSSELIN HENRI, constructeur-mécanicien à Sedan, Chevalier de la Légion d'honneur, fit partie du Conseil, de 1886 à 1891. époque à laquelle il donna sa démission, pour se consacrer à son industrie qui l'absorbait entièrement.

M. LASSALLE ELYSÉE, mécanicien, actuellement Député des Ardennes et Maire de Frénois. M. Lassalle fut Conseiller-Prud'homme, de 1889 à 1897, et Vice-Président du Conseil, depuis le 8 février 1892 jusqu'à la fin de son mandat, motivée par son élection à la Chambre des Députés.

M. LOUVET JULES, constructeur-mécanicien à Sedan, élu Conseiller-Prud'homme le 29 novembre 1891. M. Louvet remplit son mandat jusqu'au 26 décembre 1897 ; à cette époque, M. Louvet dut se consacrer entièrement à son industrie et ne sollicita pas de ses électeurs le renouvellement de son mandat.

M. HILAIRE MICHEL, ouvrier mouleur à Torcy-Sedan, élu Conseiller-Prud'homme le 29 novembre 1891, resta en fonctions jusqu'aux élections de 1897, ayant alors cessé sa profession qui le rendait éligible.

M. PÉLERAUX-CHÉMERY ERNEST, ancien maître foulonnier à Sedan, ancien adjoint au Maire de Sedan. élu membre du Conseil de Prud'hommes, le 10 février 1895, remplit ses fonctions jusque fin 1906. M. Péleraux cessa alors son industrie et ne fut plus éligible au Conseil de Prud'hommes.

M. PHILIPPE AUGUSTE, tisseur à Saint-Menges, élu Conseiller-Prud'homme le 16 décembre 1894, resta en fonctions jusqu'en 1898. M. Philippe est actuellement Maire de Saint-Menges et Conseiller général des Ardennes pour le canton nord de Sedan.

M. LAROCHE EUGÈNE, fileur à Daigny. Elu le 16 décembre 1894, resta en fonctions jusqu'au renouvellement de décembre 1900.

M. LUDET HENRY, fabricant de draps à Sedan. Elu le 16 décembre 1894, nommé Président du Conseil le 22 janvier 1901, en remplacement de M. Emile Tellier, décédé. M. Ludet resta en fonctions et conserva la Présidence jusqu'en décembre 1904.

A cette époque, M. Ludet, pour raisons personnelles, son industrie absorbant tout son temps, donna sa démission de Président et fut remplacé par M. Eugène Bourdet, Président actuel. M. Ludet, pour les mêmes raisons, cessa tout à fait ses fonctions de Conseiller-Prud'homme, lors du renouvellement du 23 décembre 1906.

M. BENOIT ANICET, mouleur à Balan. Elu le 26 décembre 1897, exerça son mandat jusqu'au 20 décembre 1903.

M. DIDIER Léon, mouleur à Torcy-Sedan. Elu le 26 décembre 1897, resta en exercice jusqu'au 16 décembre 1900.

M. BLOT Jean-Baptiste, ouvrier de fabrique à Sedan. Elu pour six ans le 16 décembre 1900, remplit son mandat pendant trois années. — M. Blot ayant changé de profession, donna sa démission le 22 novembre 1903.

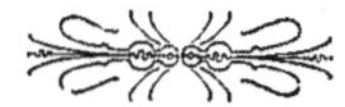

LA JURIDICTION PRUD'HOMALE A SEDAN

Le Conseil de Prud'hommes de Sedan a été créé par un décret du 23 août 1808. Sa juridiction s'étend à tout l'arrondissement de Sedan pour les professions dénommées aux décrets d'organisation ou de réorganisation.

Le décret du 23 août 1808 a limité sa compétence aux seules professions concernant la fabrication des tissus de laine.

Une ordonnance du 3 janvier 1848 et un décret du 15 avril 1850 étendirent sa juridiction, mais un décret du 2 mai 1855 édicta à nouveau que cette juridiction serait limitée aux établissements destinés à la fabrication des tissus de laine et dont le siège serait situé dans l'arrondissement de Sedan.

Ce ne fut qu'en 1881, par un décret du 10 novembre, que la juridiction fut étendue à d'autres industries et professions, par la création de deux catégories nouvelles, comprenant la Métallurgie d'une part, et d'autre part le Bâtiment et quelques autres professions.

Le nombre des Conseillers-Prud'hommes, qui était de huit, fut alors porté à seize.

Ce décret de réorganisation est toujours en vigueur.

Le décret de création du 23 août 1808 avait suivi, à deux ans seulement de distance, la création du premier Conseil de Prud'hommes en France, dans la ville de Lyon, qui a fait l'objet de la Loi organique du 18 mars 1806, laquelle loi, en établissant ce premier Conseil de Prud'hommes à Lyon, avait prévu la création de Conseils semblables dans d'autres villes.

Cette loi du 18 mars 1806 a déterminé le but de l'Institution, le mode de nomination des Conseillers-Prud'hommes et la nature de leurs fonctions : En matière de différends à l'occasion du travail, entre fabricants et ouvriers, chefs d'ateliers, compagnons ou apprentis, ainsi que des règlements de compte, et pour la police entre les maîtres d'ateliers et les négociants.

La compétence qui était alors limitée au chiffre de 60 francs (Art. 9) n'a été portée à 200 francs, sans appel, que par la loi du 1er juin 1853 (Art. 13), avec droit d'appel devant le Tribunal de Commerce pour les sommes supérieures à 200 francs.

Cette même loi du 18 mars 1806, par son art. 10, a spécialement chargé les Conseils de Prud'hommes de constater, d'après les plaintes qui lui seraient adressées, les contraventions aux lois et règlements concernant le travail dans l'industrie.

Ils ont été en même temps chargés de la conservation de la propriété des dessins, échantillons et modèles industriels, sous certaines conditions, et avec obligation pour le déposant d'acquitter entre les mains du Receveur de la Commune, une indemnité à régler par le Conseil de Prud'hommes, mais sans que cette indemnité puisse excéder un franc pour chacune des années (une, trois, cinq années) pendant lesquelles ledit déposant veut conserver la propriété exclusive de son dessin, et dix francs pour les dépôts faits à perpétuité.

(Une délibération du Conseil de Prud'hommes de Sedan, en date du 15 mai 1897, a fixé de la manière suivante les indemnités à verser à la Ville de Sedan par les déposants : un franc pour un an, trois francs pour trois ans, cinq francs pour cinq ans, et dix francs pour les dépôts à perpétuité).

Le 20 février 1810, un avis du Conseil d'Etat se prononça sur la nouvelle rédaction d'un décret du 11 juin 1809, portant règlement sur les Conseils de Prud'hommes. Ce règlement confirma et compléta la Loi organique du 18 mars 1806.

Le 3 août de la même année (1810) parut un décret sur la juridiction des Prud'hommes pour les intérêts civils et leurs attributions en matière de police.

Plus tard, le 12 novembre 1828, une ordonnance autorisa les Membres des Conseils de Prud'hommes à porter une marque distinctive dans l'exercice de leurs fonctions. Cette marque consistait en une Médaille d'Argent, suspendue à un ruban noir en sautoir.

(Cette ordonnance est restée en vigueur jusqu'en 1907. Elle a été modifiée par l'article 57 de la loi du 27 mars 1907, qui a prescrit le port d'une Médaille d'un nouveau modèle, à l'aide d'un ruban, sur le côté gauche de la poitrine).

Puis, deux décrets, des 27 mai 1848 et 6 juin 1848, réorganisèrent les Conseils de Prud'hommes d'après de nouvelles bases.

Ces deux décrets furent en partie abrogés cinq ans après, par la loi du

1er juin 1853, restée en grande partie en vigueur jusque ces dernières années. Cette loi décida que le nombre des Conseillers-Prud'hommes serait au moins de six, non compris le Président et le Vice-Président, régla les conditions de nominations de ces derniers, ainsi que celles d'éligibilité des Prud'hommes ; elle détermina la composition du Bureau général de jugement qui, indépendamment du Président ou du Vice-Président, devait toujours être formé d'un nombre égal de Prud'hommes patrons et de Prud'hommes ouvriers, ce nombre étant au moins de deux patrons et deux ouvriers. La loi du 10 décembre 1854 (Art. 2) dit que, dans certains cas, par exception, les quatre membres pourraient être pris, sans distinction de qualité, parmi les Prud'hommes installés.

Lors de la promulgation de la loi du 1er juin 1853, les Conseils de Prud'hommes furent renouvelés intégralement.

Un décret du 8 septembre 1860, et une loi du 4 juin 1864, complétèrent le régime disciplinaire des Conseils de Prud'hommes.

Puis, la loi du 7 février 1880, restée applicable avec les modifications résultant de la loi du 10 décembre 1884, jusqu'à celle du 27 mars 1907, réglementa l'élection du Président, du Vice-Président et du Secrétaire du Conseil.

Enfin, la loi du 10 décembre 1884 modifia en partie le décret du 27 mai 1848, la loi du 1er juin 1853, et la loi du 7 février 1880, sur la composition des Bureaux de conciliation et de jugement.

Le 15 juillet 1905, fut promulguée une loi qui apporta à l'organisation de la Juridiction Prud'homale des modifications profondes, quoique ne comprenant que certaines dispositions extraites du projet voté en 1904 par le Sénat. Cette loi, qui était en quelque sorte une loi d'attente, n'est indiquée que pour mémoire, car elle fut complètement abrogée par la loi du 27 mars 1907.

Cette loi du 27 mars 1907, la plus récente, qui ne laisse subsister que quelques articles de la loi du 18 mars 1806 (Art. 10 à 28 inclus), comprend 74 articles qui déterminent d'une façon certaine et définitive : Les attributions, l'institution et l'organisation des Conseils de Prud'hommes ; La procédure devant les Conseils de Prud'hommes, en la simplifiant et la rendant moins onéreuse pour les plaideurs ; — La discipline des Conseils de Prud'hommes ; (Les dispositions générales et transitoires), ainsi que les dépenses des Conseils de Prud'hommes.

Lorsque les sections du Commerce auront été créées, la loi du 27 mars 1907 rendra de très grands services à la classe laborieuse.

Elle permet, en effet, l'extension de la compétence Prud'homale aux employés du Commerce et de l'Industrie, ainsi qu'aux contremaîtres ne remplissant que des fonctions de surveillance ou de direction.

Elle aura marqué le plus grand pas dans le sens des réformes pour le règlement des différends qui peuvent s'élever à l'occasion du contrat de louage d'ouvrage « dans le Commerce et l'Industrie » entre les patrons ou leurs représentants, et les employés, ouvriers et apprentis de l'un et de l'autre sexe qu'ils emploient, différends que les Conseils de Prud'hommes continueront à terminer le plus souvent par la voie de la conciliation qui restera la base et le but de leur institution.

Il nous reste à citer : comme intéressant tout spécialement le Conseil de Prud'hommes de Sedan, le texte complet du décret du 10 novembre 1881, concernant son organisation et sa composition, et indiquant les industries ou professions qui sont de sa compétence :

« Le Président de la République,

« Sur le rapport du Ministre de l'Agriculture et du Commerce ; —
« Vu le décret du 23 août 1808, qui a créé un Conseil de Prud'hommes à
« Sedan, l'ordonnance du 3 janvier 1848 et les décrets des 15 avril 1850 et
« 2 mai 1855, qui ont modifié la composition de ce Conseil ;

« Vu la loi du 1er juin 1853 ;

« Vu les lettres du Conseil de Prud'hommes de Sedan, en date des 15
« mai et 11 novembre 1880 ;

« Vu les lettres du Préfet des Ardennes des 26 mai, 22 novembre 1880 et
« 28 avril 1881 ;

« Vu la lettre du Garde des Sceaux, Ministre de la Justice, du 16
« novembre 1880 ;

« Vu la délibération prise par la Chambre de Commerce de Sedan, à la
« date du 14 février 1881 ;

« Le Conseil d'Etat entendu,

« DÉCRÈTE :

« ARTICLE PREMIER. — Le Conseil de Prud'hommes de Sedan sera désormais composé de la manière suivante :

Catégories	INDUSTRIES	Nombre de Prud'hommes	
		Patrons	Ouvriers
1re	Fabrication des tissus de laine..........	4	4
2e	Chaudronniers, Ferblantiers, Poêliers, Fondeurs-Lamineurs, Forgerons, Taillandiers, Maréchaux-Ferrants, Constructeurs-Mécaniciens, Navetiers, Serruriers.......	2	2
3e	Carrossiers, Charpentiers, Charrons, Maçons, Marbriers, Sculpteurs, Menuisiers, Peintres en bâtiments, Plâtriers, Plafonneurs, Tanneurs, Mégissiers, Corroyeurs.	2	2
		8	8
		16	

« ART. 2. — Le Ministre de l'Agriculture et du Commerce et le Garde des Sceaux, Ministre de la Justice, sont chargés, chacun en ce qui le concerne, de l'exécution du présent décret, qui sera inséré au « Bulletin des Lois » et publié au « Journal Officiel de la République Française ».

« Fait à Paris, le 10 novembre 1881.

« Signé : Jules GRÉVY.

« Par le Président de la République Française,

« Le Garde des Sceaux, Ministre de la Justice,

« Signé : Jules CAZOT.

« Le Ministre de l'Agriculture et du Commerce,

« Signé : P. TIRARD ».

Enfin, à la suite de ce décret de réorganisation, le Conseil de Prud'hommes de l'arrondissement de Sedan élabora, en 37 articles, un règlement intérieur concernant le fonctionnement du Bureau particulier et du Bureau général, les fonctions et obligations du Président, du Vice-Président, du Secrétaire et de l'Huissier, les dispositions d'ordre général, ainsi que les tableaux de roulement des Conseillers-Prud'hommes dans les audiences, séances, et dans les cérémonies auxquelles le Conseil est appelé à assister.

Ce règlement intérieur a été approuvé à Paris, le 8 janvier 1885, par M. A. Rouvier, Ministre du Commerce.

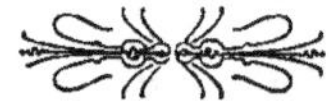

DÉSIGNATION AUSSI EXACTE QUE POSSIBLE

DES

Présidents, Vice-Présidents et Membres du Conseil de Prud'hommes

DE 1808 A 1908

I. — *PRÉSIDENTS*

LE ROY, fabricant de draps, 7 novembre 1808-1810.

GIENAUTH Chrétien-Charles, fabricant de draps, 2 janvier 1810-1811.

LE ROY, fabricant de draps, 9 janvier 1811-1812.

GIENAUTH, fabricant de draps, 6 janvier 1812-1813.

CUNIN-GRIDAINE Laurent, fabricant de draps, 6 janvier 1814-1817.

Les renseignements manquent de 1814 à 1838.

BRINCOURT Hector, 1838.

DELORME François, fabricant de draps, 5 février 1846-1848.

BACOT Frédéric, fabricant de draps, 2 septembre 1848-1849.

MANOT Pierre, ouvrier tisseur, 1er mars 1849-1849.

LAGNY-PASTOR Nicolas, fabricant, 31 mai 1849-1849.

BRABANT Jean, ouvrier tisseur, 30 septembre 1849-1850.

SECHERET Jules, maître-tisseur, 6 janvier 1850-1850.

POULET Pierre-Joseph, ouvrier tisseur, 27 juin 1850-1850

BOURNEL Jean-François, contre-maître, 10 octobre 1850-1853.

POULET Pierre - Joseph, ouvrier tisseur, 20 janvier 1853-1855.

LAGNY-PASTOR Nicolas, fabricant, 10 juin 1855-1857.

RAUX (Aîné), fabricant, 25 juillet 1861-1876.

VILLAIN Isaac, maître-teinturier, 24 mai 1876-1880.

      id.   id.   15 avril 1880-1895.

TELLIER Emile, filateur, 20 avril 1895-1900.

LUDET Henry, fabricant de draps, 28 janvier 1901-1905.

BOURDET Eugène, entrepreneur, 14 janvier 1905 (En exercice).

II. — *VICE-PRÉSIDENTS*

GIENAUTH Chrétien-Charles, fabricant de draps, 7 novembre 1808-1810.

LE ROY, marchand-fabricant, 2 janvier 1810-1811.

GIENAUTH Chrétien-Charles, marchand-fabricant, 9 janvier 1811-1812.

CUNIN-GRIDAINE Laurent, fabricant de drap, 6 janvier 1812-1813.

    (M. Cunin-Gridaine a dû passer Président en 1814 jusqu'à 1817).

    (Les renseignements font défaut pour la période de 1814 à 1838).

VESSERON, 1838-1841.

BONJEAN, 1841-1846.

BRIDIER François-Victor, 5 février 1846-1847.

RENARD Adolphe, 25 février 1847-1848.

PARPETTE-BRACONNIER, patron-métaux, 2 septembre 1848-1849.

LESIEUR Hubert, maître-chaudronnier, 1er mars 1849-1849.

VIETTE Louis, ouvrier en métaux, 31 mai 1849-1849.

PARPETTE-BRACONNIER Jean-Baptiste, patron-métaux, 30 sep. 1849-1850.

BERTHE-DUFOUR Martial, ouvrier en métaux, 6 janvier 1850-1850.

NEYRAT Jean-Louis, patron en métaux, 27 juin 1850-1850.

VIETTE Louis, ouvrier serrurier, 10 octobre 1850-1853.

LAGNY-PASTOR Nicolas, fabricant, 20 avril 1853-1855.

BOURNEL Jean-François, contremaître tisseur, 10 juin 1855-1867.

        id.   id.   25 juillet 1867-1870.

HUGOT Jean, contremaître, 24 mai 1876-1880.

JACQUES Charles-Louis, courtier en laine, 15 avril 1880-1881.

HUGOT Jean, fabricant, 7 juillet 1881-1882.

CULINE Hippolyte, ouvrier serrurier, 13 septembre 1883-1886.

COURTOIS Louis, ouvrier teinturier, 8 avril 1886-1889.

RICHARD Jean-Baptiste, ouvrier mécanicien, 16 février 1889-1892.

LASSALLE Jean-Baptiste-Elysée, ouvrier mécanicien, 8 février 1892-1897.

RICHARD Léopold, ouvrier charpentier, 16 avril 1898-1900.

MASSON Charles-Louis, tisseur, 22 janvier 1901 (En exercice).

MEMBRES DU CONSEIL DE PRUD'HOMMES DE SEDAN
1808-1908

1808 LE ROY, fabricant de draps.
GIENAUTH Chrétien-Charles, fabricant-marchand.
DE HAN (Aîné).
MILLARD, ouvrier tisseur.

1812 BOURGEOIS, fabricant.
CUNIN-GRIDAINE, fabricant.
ORBAN, ouvrier tisseur.

1815 MATHIEU Jean-Baptiste.

1818 Et. BÉCHET.

1823 F. BACOT.

1826 L. BRINCOURT.

1827 DELORME.

1828 Ch. VESSERON (Aîné).

1831 PHILIPPE.
M. VILLETTE.

1833 Ch. VESSERON (Jeune).
LESCANNE.

1836 J. GOCHARD.

1837 Ed. RENARD.
BRINCOURT Hector.
BLAY.

1838 GIRARDOT.
CHAYAUX L.
BLOCTEUR.

1839 STHURLER-FRÉMINET.
BONJEAN.

1840 LE ROY-PICARD.

1843 BRUNO.
DELORME.

1846 DELORME François,   Prud'homme titulaire.
RENNESSON,   id.
LA BROSSE-JOBERT,   Prud'homme suppléant.
VILLAIN Jean-Baptiste,   id.
BRIDIER François-Victor,   Prud'homme titulaire.

BRUNO-GODFRIN,   Prud'homme titulaire.

RENARD Adolphe,   id.

1848 BACOT Frédéric Fils, fabricant,   id.

LAGNY-PASTOR Nicolas, fabricant, id.

BOURNEL Jean-François,   id.

SÉCHERET Jules,   id.

MANOT Pierre, ouvrier tisseur,   id.

BRABANT Jean, id.   id.

CAPELLE Jean-B. id.   id.

POULET Pierre-J. id.   id.

PARPETTE-BRACONNIER J.-B., Patron (Métaux) Prud'homme tit.

LESIEUR Hubert,   id.   id.

NEYRAT Jean-Louis,   id.   id.

VIETTE Louis, ouvrier serrurier.

BERTHE-DUFOUR Martial, ouvrier serrurier.

DÉTREZ, ouvrier.

1855 RAUX Aîné, marchand-fabricant.

VILETTE-VAUCHÉ Pierre, marchand-fabricant.

MÉNIGAND Jean-Baptiste, ouvrier.

RONNET-LAMBERT.

1858 BERTIN.

1861 JAZERON.

PROTIN.

1863 VILLAIN Isaac, maître teinturier.

1864 BRIÈRE.

HORRY.

1867 MANY.

LEFORT.

GARGUET.

1870 VILLAIN Isaac, maître-teinturier.

HORRY Edmond.

FÉRAILLE Nicolas, tondeur.

MAILLOT Jean-François, tisseur.

1876 HUGOT Jean, contremaître tisseur.

FRANQUIN Eugène, fabricant de draps.

PELLOT Onésime,   id.

BOURNEL Gustave   id.

JACQUES Charles-Louis, courtier en laines.

MONAQUE Alexis-Félix, tisseur.
1882 TELLIER Emile, filateur.
1883 LAMBERT Ambroise, maître charpentier.
NANQUETTE Jean-Pierre, entrepreneur.
PIERLOT Gustave, fondeur-chaudronnier.
HUGEL Louis, tisseur.
HOLLINGER François, foulon.
COURTOIS Louis, teinturier.
CULINE Hippolyte, ouvrier serrurier.
CHARLIER Victor, ouvrier mécanicien.
RICHARD Léopold, ouvrier charpentier.
1884 PILARD Edouard, fabricant de draps.
GIPPON Emile, ouvrier.
1886 GROSSELIN Henri, constructeur-mécanicien.
RICHARD Jean-Baptiste, ouvrier mécanicien.
1889 LASSALLE Jean-Baptiste-Elysée, ouvrier mécanicien.
THIBŒUF Emile, ouvrier maçon.
1891 LOUVET Jules, constructeur-mécanicien.
MASSON Charles-Louis, tisseur.
HILAIRE Michel, ouvrier mouleur.
1894 LUDET Henry, fabricant de draps.
PHILIPPE François-Auguste, tisseur.
LAROCHE Eugène, fileur.
VAUCHEZ Victor, menuisier.
1895 PÉLÉRAUX-CHÉMERY Ernest, foulonnier.
1897 BOURDET Eugène, entrepreneur en ciments.
LECHÊNE Auguste, constructeur-mécanicien.
DIDIER Léon, ouvrier mouleur.
BENOIT Anicet, mouleur.
MICHEL Victor, plâtrier.
1898 LALLEMENT Emile, tisseur.
1900 GODET Jules, fabricant de draps.
BEAUDUIN Jules, constructeur-mécanicien.
BLOT Jean-Baptiste, ouvrier de fabrique.
HÉLIN Louis, ouvrier mécanicien.
REMY Louis, plâtrier.
1903 CLÉMENT Emile-Auguste (dit Libotte), tisseur.
NOUVIAIRE Charles, chaudronnier.

BEL Désiré, tisseur.
CLAUDE Jules, tisseur.
1906 GÉRARD Constant, maçon entrepreneur.
ROUSSEAU Joseph-Léopold, filateur.
JACQUEMIN Camille, filateur.
LEFÈVRE Jules, fabricant de draps.

SECRÉTAIRES DU CONSEIL DE PRUD'HOMMES
1808-1908

1808 BOUHON Jean-Mathieu.
1845 ROGER-GILMAIRE.
1859 GRANDJEAN Gérard (Secrétaire provisoire).
1867 DEHAN Charles.
1878 ROSSIGNOL Gustave.
GÉRARD Charles (Secrétaire provisoire).
GRANDJEAN Gérard.
1881 GANTELET Victor-Joseph.
1893 FACQUIER Emile (En exercice).

HUISSIERS DU CONSEIL

1808 NOEL.
. . . .
1890 RAMBOURG Eugène.
1897 MARLET Gustave (En exercice).

Ce travail n'a d'autre prétention que de remémorer l'œuvre importante accompli par le Conseil de Prud'hommes depuis sa création, et de rappeler le souvenir de ceux qui ont collaboré à cette œuvre si utile.

Il a été exécuté sur la demande de M. Bourdet, Président du Conseil de Prud'hommes de Sedan, par M. Facquier, Secrétaire dudit Conseil, à l'aide des Archives du Conseil de Prud'hommes.

Sedan, le 23 août 1908.

Vu et approuvé :

Le Président du Conseil de Prud'hommes de Sedan,

Eugène BOURDET.

Sedan. — Imprimerie Henri BOURGUIGNAT, 6, Place du Rivage.